AF267071

ANTÉCÉDENTS ET CONSÉQUENCES

DE LA

SITUATION ACTUELLE

PAR

LE Cᵗᵉ A. DE FALLOUX

DE L'ACADÉMIE FRANÇAISE

PARIS

CHARLES DOUNIOL, LIBRAIRE-ÉDITEUR

29, RUE DE TOURNON, 29

1860

ANTÉCÉDENTS ET CONSÉQUENCES

DE

LA SITUATION ACTUELLE

PARIS. — IMPRIMERIE SIMON RAÇON ET COMP., RUE D'ERFURTH, 1

DE

LA SITUATION ACTUELLE

PAR

LE Cᵗᵉ DE FALLOUX

DE L'ACADÉMIE FRANÇAISE

PARIS

CHARLES DOUNIOL, LIBRAIRE-ÉDITEUR

RUE DE TOURNON, 29

—

1860

ANTÉCÉDENTS ET CONSÉQUENCES

DE LA

SITUATION ACTUELLE

L'attentat est consommé! La fourberie sacrilége s'est enfin démasquée! Le Piémont a mis de côté les vains déguisements dont il essayait, hier encore, de couvrir ses machinations les plus odieuses et ses spoliations les plus effrontées; il a, sans provocation, sans prétexte, envahi les dernières possessions que ses rapines impunies avaient laissées au Saint-Siége; il est en train d'achever l'œuvre qu'il lui a été permis de commencer.

Certes, il faut, à cette heure d'inexprimable angoisse, il faut un grand courage à l'honnête homme pour dominer ses émotions. Comment essayer de ne faire entendre que les arguments de la froide raison, lorsque s'élève de toutes les poitrines le cri de la conscience et de l'honneur également outragés! Ce courage, je veux cependant m'efforcer de l'avoir. Je ne puis oublier que la plupart des prévisions ont été dédaignées, et qu'un aveugle optimisme a triomphé même de l'évidence; je ne puis oublier qu'il y a quelques jours à peine un grand travail se produisait encore dans la presse et dans des discours d'apparat pour égarer l'opinion, pour intervertir les rôles, pour changer les victimes en coupables, pour présenter comme chimériques ou comme criminelles toutes les expressions d'une crainte trop justifiée ou d'une trop légitime douleur; je ne puis oublier que si l'inquiétude publique elle-même subsistait malgré tant de scandaleuses déclamations, tant d'insinuations perfides, tant d'incurables défaillances, c'était à l'état de vague instinct, et qu'on ne pouvait aborder un interlocuteur quelconque sans demeurer stupéfait du peu de logique des souvenirs, du peu de rigueur des conclusions, et de la molle complaisance envers tous les paradoxes ou toutes les hardiesses des apologistes intéressés.

Il faut donc démontrer les motifs de l'indignation publique en même temps que les énoncer. Les parts de responsabilité, dans la grande tragédie qui recommence le lendemain de chaque jour où on la déclare terminée, les parts de culpabilité et de complicité doivent être faites comme si tous les ces ne s'étaient pas accomplis sous nos yeux, et, trop souvent, sans la protestation de ceux qui avaient pour premier devoir de résister avec une invincible énergie.

Il importe que ces parts soient faites, non pas

seulement en vue de la justice, mais encore en vue de la réparation. Si la politique de la France a voulu à un degré quelconque ce qui se passe en Italie, si cela même qu'elle n'a pas voulu, elle l'a toléré avec une indulgence tellement voisine de l'adhésion que cette imperceptible nuance disparaissait dans le trajet de Paris à Turin, à Bologne et à Palerme, il faut aujourd'hui que cette politique elle-même consente à jeter un regard en arrière sur le chemin parcouru, que notre pays à son tour connaisse bien la voie dans laquelle il s'est engagé, et soit admis à examiner dans quelle mesure il entend y persévérer.

Trois grandes occasions, depuis l'avénement de l'Empire, ont donné lieu à trois démonstrations militaires : l'expédition de Crimée en 1855, l'expédition d'Italie en 1859, l'expédition de Syrie hier.

L'expédition de Crimée n'a jamais conquis l'unanimité des suffrages. Les avis depuis longtemps partagés sur l'alliance anglaise ou sur l'alliance russe maintenaient à l'encontre les uns des autres des appréhensions diverses. Il y eut, sur la nature du mal qu'on voulait guérir comme sur l'efficacité des remèdes qu'on employait, sur la régénération, souhaitable ou non, de l'empire ottoman comme sur la situation des chrétiens d'Orient, il y eut des divergences de vues. Cependant, de quelque parti qu'on fût, personne n'hésita; toutes les divergences se confondirent dans le sentiment supérieur du patriotisme.

Quant à l'expédition à peine débarquée aujourd'hui sur la plage ensanglantée de Syrie, l'élan de

l'approbation publique a été spontané et universel;
il a pour ainsi dire dicté, tant il l'invoquait avec
ardeur, la résolution du gouvernement. Un reproche, un regret, se mêlent sans doute aux applau-
dissements qui saluent le départ de nos soldats;
mais, loin de s'adresser à l'expédition elle-même,
ces murmures ont pour objet les limites qu'on lui
impose.

Qu'on ne nous répète plus, après de tels exem-
ples, qu'il y a des partis, ennemis nés de tous les
exploits qui pourraient grandir ou honorer la patrie, opposés d'avance à toutes les entreprises qui
pourraient rejaillir en éclat sur un gouvernement
qu'ils n'ont pas fondé. Seule, la guerre d'Italie a
eu le triste privilége de susciter, dès qu'on l'entre-
vit à l'horizon, réprobation et alarme. Ce n'était
donc pas parce que c'était la guerre et parce que
ce devait être la gloire. Non, il y avait dans ce
blâme, si exceptionnel en France dès qu'il s'agit de
courir aux armes, un motif dont on peut discuter
la valeur, mais dont on ne peut calomnier l'origine
et nier la portée. Il y avait là un de ces avertisse-
ments, sérieux et sincères, que tout gouvernement
doit prendre en considération, et que toute opinion
a le devoir de maintenir et de défendre avec une
fermeté d'autant plus inébranlable qu'elle y met
plus de conscience, de dévouement et de patriotisme. Ah! l'on peut nous en croire! Si nous étions
capables de nourrir au fond de nos âmes un vœu
contre la justice, de proférer une parole contre la
vérité, pour la satisfaction d'une rancune ou pour
la joie d'une espérance, nous nous serions bien

gardés de jeter un obstacle sur le chemin qui conduit aux abîmes! Assurément, je ne sais pas un plus grand témoignage de désintéressement politique que notre langage persévérant, depuis que la question italienne a tenu tous les cœurs en suspens et toutes les passions en éveil! Si nous méritons une accusation devant Dieu et devant la France, c'est celle de n'avoir parlé ni assez tôt ni assez haut.

En effet, les événements qui se précipitent aujourd'hui sont venus à pas lents et de loin. Rien n'est moins improvisé que ces prétendus coups de main, et rien n'a été plus savamment préparé que ces audacieux coups de tête.

Le Piémont, allié naturel de la France, a été, dans des intentions qu'on peut aujourd'hui expliquer, l'objet principal des prédilections de notre politique, depuis dix années. Lorsqu'au lendemain de l'élection du 10 décembre 1848, le Président de la République hérita du commencement d'expédition romaine projetée par le général Cavaignac, il ne consentit point d'abord à y donner suite. Ses vues se tournèrent vers la nation piémontaise, qui déjà glissait des mains de Charles-Albert et du comte Balbo à celles de M. Ratazzi. Il appartiendra aux historiens véridiques et sincères de l'expédition romaine de raconter en détail les premières pensées de cette époque. Qu'il me suffise de dire que dès lors, entre la révolution maîtresse de la ville éternelle et le souverain Pontife entouré à Gaëte des représentants de tous les États européens, c'était au Piémont que le principal rôle était réservé, c'était en sa faveur qu'on voulait abdiquer l'influence que notre pays avait jusque-là tenu à honneur de revendiquer en Italie. Le premier ministère de M. le Président de la République était assez divisé d'opinions sur ce sujet pour que Gioberti, alors en pleine possession de son éphémère popularité, entreprît le voyage de Paris dans l'unique but de convertir à cette combinaison les dissidents du Cabinet et de l'Assemblée. J'étais du nombre de ces dissidents, et je ne cessais de répondre au célèbre agitateur italien : « Prétendre cacher la France derrière le Piémont, c'est vouloir cacher un géant derrière un brin d'herbe. La France a le droit d'agir, en Italie, bannière déployée et visage découvert ; ce que vous proposez nous laisserait tous les inconvénients de la solidarité, sans nous donner les avantages de la liberté d'action. C'est au Piémont à seconder la France en Italie, et non aux Français à se déguiser en Piémontais. »

Ce débat fort grave et fort animé en était là, quand le roi Charles-Albert, sourd à de sages conseils, courut au-devant de la défaite de Novare. Dès lors il ne pouvait plus être question de pousser le Piémont en Italie. Une expédition française à Rome fut sérieusement discutée par le Président de la République, promptement résolue, et bientôt accomplie. Elle rendit au souverain pontife Pie IX, avec la sanction de l'Assemblée issue d'un suffrage universel illimité, l'intégralité de ses États et de son pouvoir. Mais le Piémont prit aussitôt, vis-à-vis de cette restauration pontificale, une attitude hostile et menaçante. Les questions religieuses les plus irritantes et les moins opportunes furent mises à l'ordre du jour par M. Siccardi, qui, bientôt dépassé lui-même, céda la place à un ministère plus agressif encore, celui du comte de Cavour. Loin de manifester une résistance efficace, le gouvernement français sembla se lier plus étroitement avec le gouvernement sarde à mesure que celui-ci se séparait davantage de la cour de Rome et des autres cours italiennes. L'Europe, enfin, ne fut pas médiocrement surprise, lorsque la guerre fut déclarée à la Russie, d'apprendre que le Piémont prenait place parmi les belligérants. Le Piémont n'avait eu jusque-là avec la Russie ni cause ni prétexte de collision, on le considérait plutôt comme un client de Saint-Pétersbourg ; et les hommes politiques tombèrent d'accord qu'en l'introduisant dans leurs rangs, les deux grandes puissances qui entraient en campagne avaient voulu, non se créer un auxiliaire en Crimée, mais se préparer un agent expérimenté et aguerri pour des desseins ultérieurs au delà des Alpes.

Ce qui s'était passé sur le champ de bataille se renouvela sur le terrain diplomatique. Le Piémont fut admis au Congrès, et, sans provocation, sans l'ombre d'une connexion quelconque entre la guerre à laquelle il s'agissait de mettre un terme et les préoccupations tout italiennes du cabinet de Turin, le comte Walewski, président du Congrès, ministre des affaires étrangères de France, posa la question italienne, donna la parole et la plume au comte de Cavour, et une guerre uniquement déclarée pour l'indépendance du Grand Turc se termina à l'improviste contre l'indépendance du roi de Naples

et du Pape. Dès lors beaucoup de pénétration n'était
plus nécessaire pour affirmer que la péninsule italienne allait devenir le théâtre d'imminentes catas-
trophes. De tout temps, je le reconnais, les rois et
leurs gouvernements se sont réciproquement adressé
des représentations et des conseils; mais ces communications étaient entourées de précautions qui
tendaient à leur enlever le danger d'une sommation
et l'apparence d'une menace ; ici, toutes les traditions étaient foulées aux pieds, les lois de la pru-
dence la plus vulgaire étaient méconnues; on sem-
blait adresser un appel aux populations plus encore
qu'une leçon aux souverains. Cependant l'Italie
montra plus d'indifférence et de froideur que peut-
être on n'en avait espéré d'elle; le Piémont se dé-
battit quelque temps encore dans une agitation
fiévreuse, mais en apparence stérile. L'opinion
émue commençait à se calmer, et l'on s'accoutu-
mait à penser que l'étrange protocole du traité
de Paris s'ensevelirait avec tant d'autres dans les
tentatives sans avenir, lorsque, au premier jour de
l'an 1859, une parole brève et inattendue de l'empereur Napoléon au baron de Hübner, ambassadeur
d'Autriche, réveilla en sursaut les esprits les plus
distraits, et retentit d'un bout de l'Europe à l'autre
comme un coup de tocsin.

L'alarme publique fut si vive, que d'officielles
atténuations ne tardèrent point à paraître. Mais les
préparatifs de guerre ne s'en continuaient pas moins
en toute hâte et au grand jour dans le Piémont; et
la France, toujours disponible pour les batailles,
sembla prendre un engagement significatif par l'al-

liance aussitôt conclue qu'annoncée du prince Napoléon et d'une princesse fille du roi Victor-Emmanuel.

Le sort en était donc jeté, et, de quelque côté que surgît l'incident qui donnerait le signal ou servirait de prétexte, la solidarité de la France et du Piémont, et l'union de leurs forces pour changer l'état de l'Italie, étaient chose résolue et inévitable.

La guerre avec l'Autriche une fois arrêtée dans la volonté des deux gouvernements, et jusqu'à un certain point acceptée par l'opinion, s'élevait encore une question formidable : cette guerre serait-elle une guerre régulière de puissance à puissance comme celle qu'avaient faite en Italie François Ier et ses valeureux successeurs, ou bien une guerre révolutionnaire comme celle qu'avait livrée notre première république, et qu'avaient depuis répudiée la Révolution de 1830 et le gouvernement provisoire de 1848 ? Jamais la netteté dans le langage, la fermeté dans les mesures, la franchise dans l'attitude, n'avaient été plus nécessaires qu'alors pour éviter qu'un désastreux malentendu n'eût les effets d'une connivence secrète. Eh bien, ce malentendu, si nous parlons ici le langage de l'histoire impartiale et indépendante, on sembla prendre soin, non de l'éviter, mais de le faire naître. Un homme avait personnifié en lui toutes les ardeurs et toutes les entreprises de la révolution italienne; presque seul, il avait organisé à Rome, en 1849, la résistance à l'expédition française ; il avait dirigé contre notre drapeau le feu des réfugiés de toutes les nations : Garibaldi était promu au grade de général par le roi Victor-Emmanuel, et appelé à un honneur plus grand encore, celui de figurer à côté de nos capitaines et de nos soldats. En même temps, et comme pour placer au début de l'expédition un symbole révolutionnaire complet, des hommes, impassibles spectateurs du meurtre de Rossi, étaient admis à présenter des fleurs au prince Napoléon et à la princesse Clotilde. Une sorte de frisson sinistre courut dans les veines de la France, lorsqu'en s'éveillant un matin elle lut dans la chronique de tous les journaux l'extrait suivant de l'*Indépendance belge :*

« Le comité des patriotes italiens s'est rendu au Palais-Royal, et a été très-gracieusement accueilli par le prince Napoléon. M. Sterbini, président du comité, prit la parole au nom de ses compatriotes, et prononça un discours en italien, que je regrette de ne pouvoir vous transmettre, mais dont il vous sera facile de deviner le sens et l'esprit.

« Le prince a répondu en italien que la démarche des Italiens le comblait de plaisir, et que, n'importe les circonstances et les événements, ils pouvaient compter sur la sympathie de l'Empereur et sur la sienne personnellement. »

Bientôt après, l'Empereur parla lui-même à la France ; il allait prendre le commandement de l'armée, et il adressait au peuple une proclamation, datée du palais des Tuileries le 3 mai 1859. Dans cette proclamation l'Empereur disait : « Il faut que l'Italie soit libre jusqu'à l'Adriatique ; » il annonçait qu'il « respecterait les territoires et les droits des puissances neutres; » il ajoutait que « la France n'avait point abdiqué son rôle civilisateur... Ses alliés naturels, disait-il, ont toujours été ceux qui veulent l'amélioration de l'humanité, et, quand elle tire l'épée, ce n'est point pour dominer, mais pour affranchir. » Il disait encore : « *Nous n'allons* « *pas en Italie fomenter le désordre ni ébranler le* « *pouvoir du Saint-Père, que nous avons replacé* « *sur son trône*, mais le soustraire à cette pres- « sion étrangère qui s'appesantit sur toute la Pé- « ninsule, contribuer à y fonder l'ordre sur des « intérêts légitimes satisfaits. »

En temps et en pays ordinaires, on n'eût pas cherché deux sens et trouvé deux traductions à ce langage ; mais, au milieu des circonstances que nous avons sommairement rappelées, il devait arriver que le parti révolutionnaire se montrât plus encouragé et le parti conservateur plus alarmé le lendemain de cette proclamation que la veille. L'interprétation de paroles douteuses fut entièrement différente en deçà et au delà des Alpes. En France, on ne voulut y voir que la généreuse volonté de soustraire quelques portions de l'Italie à une domination étrangère ; en Italie, leur contre-coup renversa presque au même instant trois trônes, en attendant qu'il ravît sa plus belle province au Souverain Pontife. Civiliser, affranchir, améliorer l'humanité ! s'écriaient les fauteurs de la guerre, c'est bien là notre langue et l'enseigne de notre œuvre ! Des vœux légitimes qui doivent avant tout être satisfaits, qui ne sont point définis, et qui peuvent être imposés, voilà de quoi tenir le Saint-Siége en échec et en péril jusqu'à l'heure de l'assaut définitif!

C'était le cas de rectifier les impressions, si elles étaient erronées, et de tracer les limites que l'on avait exprimé l'intention d'assigner à la révolution. Tout au contraire, on sembla se préoccuper surtout de lui assurer le succès de ses premiers avantages. Le prince Napoléon avait été nommé commandant d'un cinquième corps d'armée. Se détachant du gros de nos forces, s'éloignant du théâtre certain des opérations militaires, il alla porter une diversion inattendue à Florence et sur la frontière des Romagnes. On ne songeait pas alors à faire un crime aux Autrichiens d'avoir évacué un point quelconque de l'Italie, et de ne s'être point opiniâtrés dans l'occupation de Bologne et d'Ancone, qui était contre eux un grief en permanence. Loin de là, le prince Napoléon, dans un rapport plusieurs fois opposé à des assertions étranges, revendiquait pour lui et pour le cinquième corps d'armée l'honneur de cette retraite précipitée, coïncidant d'ailleurs avec la défaite du général Giulay à Magenta.

L'Empereur entra à Milan aux acclamations délirantes de la population. Il jugea opportun d'adresser de nouveau l'expression publique de sa pensée à l'Italie et à la France. Était-ce pour modérer l'élan révolutionnaire qui avait accueilli le premier bruit de nos pas sur la terre lombarde? Était-ce pour compléter ce que la proclamation datée de Paris avait eu d'insuffisant ou d'incompris? Non, telle ne fut point la pensée de l'Empereur, ni le sens de la proclamation promulguée le 8 juin au quartier impérial de Milan. Plus soucieux, semblait-il, de créer des adversaires à l'Autriche que d'enlever des alliés à la révolution, l'Empereur n'adressait la parole ni aux Lombards ni aux Vénitiens en particulier, mais à la Péninsule tout entière :

« Italiens, disait-il, ... , .
. . . . il y a des hommes qui ne comprennent pas leur époque ; je ne suis pas de ce nombre. Dans l'état éclairé de l'opinion publique, on est plus grand aujourd'hui par l'influence morale qu'on exerce que par des conquêtes stériles ; et cette influence morale je la recherche avec orgueil en contribuant à rendre libre une des plus belles parties de l'Europe.

« Votre accueil m'a déjà prouvé que vous m'avez compris.

« Je ne viens pas ici avec un système préconçu pour déposséder les souverains, ni pour vous imposer ma volonté ; mon armée ne s'occupe que de deux choses : combattre vos ennemis et maintenir l'ordre intérieur ; elle ne mettra aucun obstacle à la manifestation de vos vœux légitimes.

« La Providence favorise quelquefois les peuples comme les individus, en leur donnant l'occasion de grandir tout à coup ; mais c'est à la condition qu'ils sachent en profiter.

« Profitez donc de la fortune qui s'offre à vous ! Votre désir d'indépendance, si longtemps exprimé, si souvent déçu, se réalisera, si vous vous en montrez dignes.

« Unissez-vous donc dans un seul but, l'affranchissement de votre pays.

« Organisez-vous militairement. Volez sous les drapeaux du roi Victor-Emmanuel, qui vous a déjà si noblement montré la voie de l'honneur. Souvenez-vous que sans discipline il n'y a pas d'armée, et, animés du feu sacré de la patrie, ne soyez aujourd'hui que soldats, demain vous serez citoyens libres d'un grand pays. »

Notre incomparable armée fit bientôt succéder Solferino à Magenta ; l'opinion palpitante attendait déjà un nouveau trophée, lorsqu'elle reçut la nouvelle subite des préliminaires de Villafranca. La France l'accueillit comme un gage de modération, l'Italie se sentit profondément déçue, laissa échapper le cri de trahison, et l'image d'Orsini remplaça sur le passage même de notre armée le portrait de l'Empereur. Du reste, il n'était pas besoin de cette odieuse démonstration pour être convaincu que le calme ne renaîtrait pas d'un trait de plume, et qu'après tant de passions, tant de convoitises surexcitées, le retour à la sagesse coûterait plus d'un effort.

Cet effort ne fut pas tenté. L'Empereur quitta l'Italie, laissant derrière lui un conseil, mais n'y joignant aucune mesure effective pour que ce conseil prévalût. Florence, Parme, Modène, Bologne, passèrent sans précautions, sans garanties, sans contre-poids, sous l'influence exclusive des Piémontais. Le marquis Pepoli vint, en qualité d'allié de la famille impériale et de plénipotentiaire des Romagnols, demander à l'Empereur une audience qui demeura mystérieuse comme l'avait été l'entrevue du comte de Cavour à Plombières[1]. Une seule chose fut connue, c'est que le marquis Pepoli sortit de l'audience impériale comme le comte de

[1] Voir sur l'entrevue de Plombières la brochure de M. le marquis de Gabriac, sénateur, pages 19 et 20.

Cavour en était sorti un an avant, plein de feu pour l'action et respirant la confiance qu'il répandait autour de lui. Ainsi encore devaient sortir plus tard de Chambéry MM. Farini et Cialdini!!! La France avait pris la plus grande part militaire aux événements qui venaient de s'accomplir; pourquoi ne réclamait-elle pas une part proportionnelle dans la direction des événements politiques? Était-ce le principe de non-intervention qu'on prétendait appliquer si rigoureusement à la France? Il eût été plus naturel alors de l'appliquer au Piémont, puissance moins désintéressée et bien autrement suspecte. Il était difficile en outre de ne pas se rappeler que la France avait l'habitude de mettre hardiment sa main dans les événements politiques qu'elle prenait sérieusement à cœur. Elle l'avait prouvé sous la Restauration pour l'Espagne et la Morée, elle le prouva à la Belgique en 1851. Était-ce l'emploi de la force que l'on repoussait purement et simplement et dans toute éventualité? Mais le Piémont lui-même avait-il hésité en 1849, lorsqu'il avait rencontré des résistances? L'artillerie du général La Marmora avait-elle épargné les souvenirs et les splendeurs de Gênes la républicaine et la superbe?

L'Italie se crut donc autorisée à conclure de l'abstention de notre gouvernement à son assentiment, et plus d'un prophète annonça que les préliminaires de Villafranca ne devaient recevoir aucune exécution. Le gouvernement français lui-même sembla se ranger de cet avis; car, au moment où il attachait sa signature au traité de paix, il admet-

tait l'hypothèse que ce traité demeurerait lettre
morte ; il supposait, de son propre mouvement,
que le Piémont et les duchés ne tiendraient nul
compte de ses conseils officiels, et il stipulait d'a-
vance le dédommagement qu'il exigerait. Ce dédommagement, c'était la Savoie et Nice. L'Angleterre en était avertie comme le Piémont[1]. Dangereuse et singulière situation qui plaçait le gouvernement français entre deux alternatives simulta-
nées : l'honneur de sa parole tenue et le bénéfice
de sa parole violée ! Dangereuse et singulière situation, qui invitait d'avance l'Angleterre à régler
sa politique selon deux cas absolument contraires
et également prévus !

Les conférences de Zurich s'ouvrirent dans ces
conditions difficiles, et une sorte de méfiance se
répandit dans le public, quoiqu'il ne fût pas admis
alors aux confidences qui lui ont été faites depuis.
Lorsque enfin les conférences eurent abouti à un
traité définitif, un congrès européen fut convoqué
afin de faire entrer d'un commun accord cette

---

[1] « Dès avant la guerre, il avait prévenu la Sardaigne que,
« si les événements amenaient un grand royaume en Italie,
« nous demanderions que le versant des Alpes ne restât pas
« dans ses mains.

« Le gouvernement de l'Empereur a renouvelé ses avertis-
« sements aussitôt que le traité de Villafranca a été remis en
« question, et surtout il n'a rien caché au gouvernement an-
« glais. C'est donc contrairement à tant d'assertions, en toute
« connaissance de cause, de part et d'autre, que les faits se
« sont accomplis. »

(Discours du comte de Persigny, président
du Conseil général, à Saint-Étienne, le
27 août 1860.)

œuvre nouvelle dans le droit public. Paris était désigné pour le siége du congrès, et les diplomates achevaient leurs préparatifs de départ. Tout d'un coup une rumeur s'élève. Le gouvernement français, dit-on de toutes parts, va devancer la réunion de ce grand conseil des souverains, et déposer préalablement son opinion personnelle dans une brochure livrée à l'avidité publique. Il serait superflu de rechercher quels furent en réalité l'auteur ou les auteurs de ce document ; constatons seulement que son apparition fut entourée de conditions tellement inusitées, qu'il prit immédiatement rang parmi les faits les plus décisifs de notre époque ; il émut les rois autant que les peuples, il bouleversa en un clin d'œil et de fond en comble la situation politique ; il renversa la table toute dressée du congrès, enchaîna au port la frégate sur laquelle allait monter le cardinal Antonelli, et retint dans toutes les grandes capitales les ministres des affaires étrangères, qui avaient voulu ne s'en rapporter qu'à eux-mêmes pour la grande négociation dissoute avant d'être ouverte, comme le traité de Zurich avait été annulé avant d'être écrit.

La brochure assez puissante pour produire une telle révolution est encore présente à beaucoup de mémoires. Cependant les événements ultérieurs paraissent si fidèlement inspirés de son esprit, et pour ainsi dire si docilement calqués sur elle, qu'on doit s'imposer de la relire encore, si l'on veut se défendre à la fois d'être une dupe volontaire ou un accusateur prévenu.

La polémique des journaux français qui soutiennent habituellement la politique du gouvernement sembla recevoir une même impulsion. On parla sans contrainte de l'abandon des traités. Le ministre qui, l'année précédente, avait garanti au nom du gouvernement l'intégrité des droits du Saint-Siége, s'adressant à une réunion de jeunes gens des classes laborieuses, crut utile d'invoquer « *la force d'événements imprévus qui peuvent con-* « *traindre les plus loyales intentions à se modifier* « *elles-mêmes* [1]. » Se faisait-on illusion sur l'incalculable portée d'une semblable théorie, et voulait-on la faire entrer dans le domaine des axiomes avoués et publics ? Est-ce que les promesses n'ont pas été tenues pour sacrées entre les individus, et les traités pour inviolables entre les nations, précisément afin de résister aux entraînements imprévus ? Que signifierait la parole humaine, si elle voulait dire uniquement : J'aurai force et vigueur tant que les circonstances me favoriseront ? Mais c'est là le mérite et la dignité de tout engagement, que de ne point connaître les obstacles et de survivre immuable aux contradictions. Quel serait donc le caractère et la valeur des traités, si un souverain, tendant sa main à un autre souverain, ne s'engageait que pour les choses faciles et faisait dépendre sa loyauté de sa fortune ? Ah ! si pareilles maximes avaient cours parmi les hommes, les derniers autels du vieil honneur seraient brisés, le serment n'aurait plus d'empire, et les termes élémentaires de la probité, mise en retrait d'emploi, n'au-

[1] Discours de M. Rouland, *Moniteur* du 23 janvier 1860.

raient plus qu'à disparaître du vocabulaire de la morale et de la politique.

Pendant que ces légèretés imprudentes prenaient autorité dans la presse française et italienne, les actes politiques y devenaient de jour en jour plus conformes : les annexions étaient consommées ; les mêmes mains qui avaient allumé l'incendie demeuraient chargées de l'éteindre ; seulement il devint impossible de ne pas remarquer que les torches avaient toujours du feu et que les pompes n'avaient jamais d'eau.

M. de Cavour eut bientôt à défendre lui-même, dans le parlement sarde, la cession de Nice et de la Savoie à la France ; il répondit alors en termes formels : « La lettre de Napoléon III au Pape, en date « du 30 décembre, proclamant que le règne du Pape « sur les Romagnes est fini, nous a donné plus « que nous n'avons obtenu à Palestro et à San- « Martino ; la domination sacerdotale était pour « nous plus préjudiciable même que la domi- « nation autrichienne [1]. »

Enfin le cardinal Antonelli, de son côté, repoussant des allégations cent fois réfutées et jamais réduites au silence, au sujet des refus obstinés du Souverain Pontife d'accorder des réformes utiles, écrivait au Nonce apostolique, à Paris, une dépêche destinée à la publicité, on y lisait :

« S'il était encore possible, il y a quelques mois, de se faire illusion sur la possibilité de pacifier, au moyen de réformes et de concessions, divers États de l'Italie,

[1] Discours de M. de Cavour, 26 mai 1860.

une telle illusion ne saurait plus se produire depuis que ces partis ont déclaré hautement, comme ils l'ont fait dans le mémoire du prétendu gouvernement de Bologne, et comme un des principaux auteurs de l'agitation l'a fait dans un de ses derniers écrits, qu'aucune réforme ne peut les contenter, si ce n'est la pleine et absolue destruction du pouvoir temporel de l'Église. Malgré tout cela, le Saint-Père n'a pas fermé l'oreille à la proposition de réformes qui lui a été soumise par le gouvernement français. Il a même accueilli cette proposition avec empressement [1]. »

En même temps que le cardinal Antonelli faisait connaître les paternelles volontés du Souverain Pontife et la résolution hautement affichée des partis de ne s'en point contenter, le gouvernement anglais ne nous laissait point ignorer comment et par la faute de qui la négociation sur les réformes avait échoué.

« Le lendemain de la journée de Villafranca, le comte Walewski a dit à lord Cowley que le Pape s'était spontanément déclaré prêt à suivre les avis que pourrait lui donner la France.

« Au mois de septembre, le duc de Gramont a communiqué au Pape un plan complet de réformes. Il lui fut répondu que Sa Sainteté était prête à les accepter, pourvu qu'il lui fût donné l'assurance qu'en les accordant elle conserverait les États appartenant à l'Église ; mais le comte Walewski a dit à lord Cowley qu'*une assurance de cette nature de la part de la France impliquant une sorte de garantie que l'Empereur ne pouvait donner*, les négociations avec Rome étaient suspendues [2]. »

---

[1] Dépêche du cardinal Antonelli, du 29 février 1860.
[2] Dépêche de lord Cowley à lord Russell, datée de Biarritz.

Ainsi notre armée demeurait immobile dans quelques garnisons italiennes et bientôt les évacuait. Notre diplomatie affectait de réclamer des réformes, et reculait quand elle paraissait sur le point de les obtenir. Et le dernier manifeste de notre politique était l'Italie pacifiée *n'importe comment*, c'est-à-dire avec ou sans traités, avec ou sans spoliations, avec ou sans ce respect du droit qui seul assure à une œuvre la durée en même temps que l'honneur. A l'aide de quels artifices et par quelle habileté nous réduisait-on à cette inexplicable attitude? Hélas! il faut le dire, ce n'était que par un tissu de contradictions cyniques, par une évolution perpétuelle et sans pudeur entre des principes opposés, selon qu'ils caressaient ou importunaient la révolution en marche ou le complot en travail. S'agissait-il du Pape, il était coupable lorsqu'il n'avait point d'armée, parce que la répression des délits et le cours de la justice n'étaient point garantis à ses sujets. Formait-il un noyau d'armée et plaçait-il un intrépide général à sa tête, on le trouvait plus coupable encore, parce que dès lors l'invasion de ses États devenait plus difficile. Quant à la France, elle avait eu le droit d'intervenir lorsqu'il s'agissait d'ouvrir au Piémont Milan et Venise; elle ne l'avait plus s'il s'agissait de lui retirer Florence, Parme ou Bologne. S'agissait-il de nationalités, Pie IX et le roi de Naples cessaient d'être Italiens, et la maison de Savoie, la moins italienne de toute l'Italie, avait seule le privilége de répondre au programme national. S'agissait-il d'institutions politiques, on ne pouvait établir en

Italie une centralisation trop arbitraire, mais cette même centralisation, on appelait la révolte pour la combattre en Hongrie, où l'avait importée le mouvement de 1848, et le retour à l'état de ce pays sous le prince de Metternich était le mot d'ordre du progrès.

C'en est assez, je l'espère, et j'ai enfin le droit de m'arrêter dans cette douloureuse nomenclature, où je n'ai eu qu'à choisir dans la multitude des preuves concourant toutes à la même démonstration, à savoir : que la France, évidemment responsable des perturbations de l'Italie, n'a employé ni son autorité morale ni son ascendant militaire pour le rétablissement d'un ordre sérieux, régulier et durable ; qu'il est inadmissible qu'un voisin tel que le Piémont, qui devait tout à la bienveillance et aux armes de la France, ait pu concevoir la prétention ou de braver notre politique, ou de nous dicter la sienne ; et qu'en tout cas l'heure est sonnée de dissiper son erreur ou de se révéler soi-même franchement. Nous pouvons cesser d'interroger et d'accuser le passé ; nous pouvons nous interdire de rechercher jusqu'à quel point des affections ou des engagements de jeunesse ont pesé sur des résolutions qui auraient dû s'en affranchir ; mais le passé ne peut être rejeté dans l'ombre qu'à la condition de rendre toute sa liberté à l'avenir.

Trois intérêts fondamentaux sont engagés dans la lutte qui se prépare et qui peut devenir, d'un moment à l'autre, l'une des crises les plus formidables que le monde ait depuis longtemps traversées : l'intérêt du Saint-Siége, l'intérêt de l'Italie en général, l'intérêt de la France elle-même.

L'intérêt du Saint-Siége! Quel catholique, non, je me trompe, quel homme de cœur, quel homme sensé, à quelque communion, à quelque nation qu'il appartienne, pourrait admettre que les intérêts du Saint-Siége sont sauvegardés parce que la sécurité personnelle du Saint-Père est garantie? Quelle dérision et quelle injure! Assurément chacun de nous donnerait sa vie pour protéger la vie de son Père dans la foi et dans l'éternité; mais chacun de nous aussi ferait de son dernier soupir une imprécation contre celui ou contre ceux qui auraient réduit la catholicité à cette misérable extrémité de ne songer qu'à la préservation d'une existence d'homme. Et l'auguste vieillard qui porte le titre incomparable de vicaire du Dieu crucifié, de successeur du prince des apôtres, de survivant immortel de ces premiers chrétiens du cirque et des catacombes, comprend-on l'ineffable compassion de son sourire quand on lui prodigue à toute heure les assurances de sa vie sauve! Celui qui ne lève lés yeux au ciel que pour y chercher l'inspiration de sa conduite, et qui ne peut abaisser son regard sur la terre sans y rencontrer la trace des confesseurs et des martyrs, quel cas peut-il faire d'une pourpre en lambeaux, d'une royauté asservie, d'une existence déshonorée du jour où elle se serait rachetée au prix d'une considération personnelle? Non, non, ce ne peut être là ni le vœu de la chrétienté, ni le consentement de la France; et la première explication que nous ayons le droit d'attendre des hommes qui ont l'honneur de parler et d'agir en notre nom, c'est un désaveu solennel du sens restreint et odieux que l'on semble jusqu'ici donner à ce mot, la *sécurité du Saint-Père!* Sa sécurité, c'est sa souveraineté; sa souveraineté, c'est son indépendance; sa souveraineté et son indépendance, c'est la liberté et la dignité du moindre et du plus humble des catholiques. En dehors de là il ne peut y avoir que confusion, embûches et oppression; en dehors de là il ne peut y avoir, de notre part, que protestation et résistance : résistance non pas mobile et fugitive comme tout ce qui vient de la passion, mais profonde et inflexible comme tout ce qui vient de la conscience.

Quant à l'Italie, qu'elle veuille bien nous permettre de le lui dire, nous sommes ses amis plus sincères, plus dévoués, plus clairvoyants que ceux qui l'égarent aujourd'hui; et comment pourrait-il en être autrement? Comme Français, toutes nos traditions nous attachent à son indépendance, à sa grandeur politique, à son antique prééminence dans les sciences, dans les lettres et dans les arts. Comme catholiques, de quelle prédilection plus étroite encore, de quel respect plus intime n'entourons-nous pas le berceau, le siége, la patrie par excellence de l'Église! Quels monuments, quels noms, quels souvenirs ne nous parlent pas, sur ce sol prédestiné, de nos plus chères et de nos plus hautes pensées!

Mais voici le point capital de séparation entre nous et les hommes qui précipitent l'Italie à sa perte. Ces hommes croient et professent que tous les moyens sont bons au service de ce que l'on nomme aujourd'hui une idée; nous croyons et nous professons, au contraire, qu'on ne saurait mettre trop de vigilance et trop de choix dans les moyens que l'on emploie pour servir une grande cause. Les amis de la monarchie ne sont jamais ses serviteurs plus utiles que lorsqu'ils s'appliquent à la défendre de tout rapprochement avec le despotisme; les amis de la liberté (puisque, pour leur malheur commun, ces deux causes semblent à quelques-uns vivre encore séparées) ne doivent avoir rien de plus à cœur que de la préserver de tout contact avec les vices et les violences de la démagogie. Il est surprenant et déplorable que les hommes qui ont inscrit sur leur bannière le progrès de l'intelligence, la sollicitude pour l'humanité, et l'adoucissement universel des mœurs publiques, soient toujours les premiers, d'un bout de l'Europe à l'autre, à faire appel à la force et à replonger le monde dans les sanglantes mêlées.

Nous aussi, nous avions fait un rêve pour l'Italie, mais notre rêve était bien différent du vôtre. Nous aussi, nous avions voulu la grandeur et l'influence du Piémont, mais nous les avions entrevues dans un rôle diamétralement opposé à celui que vous lui avez fait jouer. Le Piémont est depuis longtemps un pays merveilleusement doué : il contient des races militaires et intellectuelles à la fois; il a produit à l'envi des philosophes et des guerriers; sa dynastie est ancienne et populaire; son aristocratie instruite, sympathique, mêlée à tous les grands et à tous les petits intérêts qui forment l'existence nationale; la bourgeoisie arrivait sans amertume et sans griefs à la vie politique; les classes laborieuses étaient prospères, saines et reconnaissantes. La Providence avait épargné à ce pays la plupart des épreuves qui ont retardé ou fait évanouir ailleurs la vraie pratique des institutions représentatives; il était assez heureux pour n'avoir dans son histoire ni régicide ni Convention, comme l'Angleterre et la France, ni longues guerres civiles, comme l'Espagne et le Portugal. Que lui manquait-il donc pour être, dans la haute acception de ce mot, l'initiateur de l'Italie? Rien! rien qu'un peu de patience, un peu d'équité, un peu de ce culte et de ce respect des idées pour lesquelles il prétend se dévouer aujourd'hui. Qu'au lendemain du désastre de Novare le Piémont se fût persévéramment et modestement appliqué au développement de ses institutions; qu'il eût vécu quelques années seulement de cette vie normale, noblement laborieuse et pacifiquement progressive, quinze années lui eussent suffi pour devenir le sujet d'envie, le modèle et bientôt le régulateur, même involontaire, des destinées de l'Italie. Quinze années! Mais il n'en a pas fallu davantage à la Restauration pour inculquer à l'Europe l'ambition d'un régime qui serait bien près de la gouverner tout entière sans la violente perturbation de 1830.

Et, lorsque les modérateurs de cette révolution, triomphant de leurs antagonistes, vinrent à diriger les pouvoirs publics, ils se hâtèrent d'invoquer et d'affermir la politique de la paix. Peut-être ont-ils, en quelques occasions, exagéré leur programme; mais ce programme contenait, du moins, la pensée profondément juste que la guerre révolutionnaire achèverait de compromettre la liberté, et que la France ne voulait réagir sur l'Europe que par le spectacle de sa prospérité. Cette pensée réalisa, en dix-huit années, une partie de ce qu'elle s'était promis. Le goût et l'étude des institutions représentatives s'étendaient partout où rayonnait notre action. L'Italie, moins qu'une autre, devrait l'avoir oublié; les bienfaits de la liberté lui étaient spontanément offerts, à l'exemple de Pie IX, par ses souverains. Ce spectacle frappait jusqu'à la Russie, et le comte de Nesselrode, en s'en effrayant, écrivait, peu de jours avant la Révolution de février :

« Présentement, grâce aux changements qui sont
« près d'avoir lieu en Italie comme en d'autres pays,
« *la France aura gagné par la paix plus que la guerre*
« *ne pouvait lui donner.* Elle se verra entourée de tous
« côtés par un rempart d'États constitutionnels organi-
« sés d'après le modèle français, existant dans son es-
« prit, et agissant sous son influence [1]. »

En vain répondra-t-on que l'attrait d'institutions scrupuleusement observées n'aurait pas suffi pour refouler l'Autriche et désarmer les bataillons croates. Je m'étonnerai de cette réponse, et je demanderai à mon tour si nous vivons encore aux temps de l'invasion des Goths, sous le joug brutal de la massue et du glaive ? Ah ! sans doute, si l'invention de l'imprimerie, si la propagation irrésistible,

[1] Dépêche du comte de Nesselrode à l'ambassadeur de Russie, à Londres.

depuis trois siècles, de toutes les idées de tolérance et de discussion; si, dans notre siècle en particulier, la rapidité de toutes les communications, l'échange d'intérêts entre tous les peuples, la facile intelligence de toutes les langues et l'insaisissable transmission de toutes les idées; si tout cela est impuissant, le progrès, la civilisation, ne sont que des mensonges. Si la violence appelle toujours la violence, et la force la force, vos promesses aux peuples sont vides de sens; vous n'y croyez pas vous-mêmes ; vous n'y voyez que des leurres au service de vos cupidités et de vos ambitions : l'humanité n'a point fait un pas; vous la condamnez à osciller éternellement entre de mutuelles représailles, et vous abandonnez pour jamais le droit, la justice, la vérité,la liberté, à la merci du plus audacieux et du plus fort.

Grâces en soient rendues à Dieu ! Il n'en est pas ainsi. Le combat, depuis longtemps, n'est plus entre l'ancien régime et la société moderne. Il est dans le sein de la société moderne elle-même, entre nous qui vous supplions de la laisser respirer et s'asseoir, et vous qui voulez la tenir perpétuellement en alerte, pour qui l'expérience n'a jamais dit son dernier mot, qui voulez chaque lendemain recommencer l'épreuve de la veille, et qui, au lieu d'améliorer les biens conquis, ne cessez de les livrer à d'interminables hasards ! Relisez donc, dans l'inimitable fabuliste, la gageure du vent et du soleil. Notre histoire est là. Les tourbillons et la tempête font resserrer sur la poitrine du voyageur le manteau qu'un rayon de soleil fait entr'ouvrir d'abord, et peu après tomber. Soyez-en convaincus : ce qui favorise et fortifie la compression, ce sont les ouragans révolutionnaires incessamment déchaînés, et rien ne la déjouerait plus sûrement que quelques beaux jours d'une liberté régulière et paisible.

Et la France, enfin, quelle responsabilité et que de devoirs pèsent sur sa tête! C'est elle, et elle seule, qui porte en ce moment suspendus à ses résolutions les destinées de notre époque, les problèmes de l'Orient et ceux de l'Europe. Un siècle âgé de soixante ans doit repousser les aventures et les aventuriers; il est mûr pour juger les conséquences des principes qu'il pose, ou qu'il laisse poser devant lui. Eh bien, il n'y a pas un des faits accomplis depuis un an qui ne renferme en puissance tous les périls et toutes les menaces contre lesquels le gouvernement s'était donné mission, il y a dix ans, de protéger le monde et la France elle-même.

Ce n'est pas assurément la coexistence du bien et du mal, de l'ordre et du désordre, qui nous paraît nouvelle et redoutable; cette coexistence est vieille comme le monde, et durera autant que lui. Il y a toujours eu, à fond de cale de toutes les sociétés, des hommes s'efforçant de briser à coups de hache le navire qui les porte, au risque de s'ensevelir dans l'abîme avec lui. Il y a toujours eu, dans une sphère morale plus élevée, des hommes égarés par les chimères d'une fausse philanthropie, rêvant une société sans freins, sans institutions, sans lois, sans Dieu. Ces hommes changent de nom d'âge en âge, ils ne changent ni de caractère ni de rôle. Mais ce qui est inouï, à l'heure où nous vivons, ce qui distingue, d'une façon qui épouvante l'esprit, l'œuvre à laquelle nous assistons, c'est que la résistance n'est nulle part, et que la complicité est partout. La résistance n'est plus dans les rois, qui se jalousent et se dépouillent les uns les autres, comme des brigands au coin des bois; elle n'est plus dans les gouvernements, qui se troublent et chancellent devant la première attaque, qui n'ont plus foi en eux-mêmes, qui ne connaissent et n'appliquent plus les principes élémentaires du droit public et du droit des gens, qui se cramponnent à un absolutisme sans intelligence, ou se laissent aller à merci devant le premier venu; elle n'est plus dans cette presse qui ambitionnait jadis le double titre de conservatrice et de libérale. Enfin, j'oserai l'avouer, et mon aveu rendra à ceux qu'il peut blesser le service de les disculper, du moins, du reproche étrange d'ingratitude envers le pouvoir : la condescendance s'est glissée chez quelques-uns des vénérables gardiens de la conscience publique. Eux aussi, les ministres de la vérité, ils se sont laissé surprendre par la ruse et par le mensonge; leurs félicitations auront accompagné jusqu'à sa dernière étape la politique qui devait infailliblement aboutir à la destruction du Saint-Siége !

Et maintenant, que chacun aille jusqu'au bout de la carrière qu'il s'est choisie; que les triomphateurs du moment se plongent jusqu'à l'ivresse dans les délices de l'iniquité victorieuse ! Notre deuil et nos ruines ne leur envient rien. Qu'ils renversent, trahissent et détrônent à leur gré. Ils ne détrôneront pas Dieu. Dieu les voit et les juge. Cela suffit.

Je serai du parti qu'affligera le sort !

C'est le cri d'un des personnages de Corneille. Nous ne nous trouvons pas humiliés de le répéter après lui. Vos succès et vos insultes ne nous feront ni pâlir ni rougir. Nos cœurs resteront plus fidèles que jamais à Pie IX, à la majesté des malheurs qui vont se multiplier sous vos coups; nos cœurs seront avec le héros chrétien dont l'incomparable dévouement, parmi tant de lâches abandons, console notre foi de catholique et notre honneur dè Français; nos cœurs seront avec cette noble jeunesse qui est venue se ranger autour de lui, et que vous poursuivez vainement de vos abjects outrages. La patrie ne les reniera pas plus que la religion ! Ce n'est pas à vous qu'il appartient de comprendre le caractère universel de la catholicité; ce n'est pas à vous que nous essayerons de faire sentir qu'il ne peut rien y avoir d'étranger entre deux hommes, quand l'un dit en s'agenouillant : « *Mon père !* » et quand l'autre, étendant la main pour bénir, répond : « *Mon fils !* » Il faut à votre tour vous y résigner : la grandeur morale est là. Et non-seulement nous lui demeurerons fidèles, mais, à votre étonnement, si vous pouviez pénétrer le fond de nos âmes, nous demeurerons confiants dans l'avenir. Le comte de Maistre disait de ces glorieuses entreprises dont le nom vous irrite : « Aucune croisade n'a réussi,

« mais toutes les croisades ensemble ont réussi. »
Nous aussi, nous disons : Les honnêtes gens, dans
le court espace qu'il leur est donné de vivre, suc-
combent souvent; mais, dans le développement et
dans le résultat définitif des siècles, c'est l'honnêteté
qui prévaut. Nous nous reposons sur cette loi :
dès que le règne de l'honnêteté aura commencé,
nous savons d'avance que le vôtre aura fini.

16 septembre 1860.

PARIS. — IMP. SIMON RAÇON ET COMP., RUE D'ERFURTH, 1.

Extrait du CORRESPONDANT du 25 Septembre 1860.

PARIS. — IMP. SIMON RAÇON ET COMP., RUE D'ERFURTH, 1.

9 782011 739230